Ingrid Hagspiel (Hrsg.)

Platzerl, Punsch und Pannen

Ingrid Hagspiel (Hrsg.)

Platzerl, Punsch und Pannen

Eine kulinarische »Bescherung«

BAYERLAND

Quellen

Alexander Bálly: »Einbruch« und »Wünsch dir was« (dort unter dem Titel »Menüplanung«). Aus: Alexander Bálly, 24 Gedichte für das lange Warten. © 2017 by Turmschreiber Verlag, Ingwert Paulsen jr. e. K., Husum. // Herbert Becker: »Ente gut, alles gut!« In: Astrid Schäfer (Hrsg.): Weihnachten für die Katz. Schmunzelgeschichten. Dachau 2015. Franz Freisleder: »Weihnachtsgans modern«. In: Josef Fendl (Hrsg.): Es gibt nix Bessers wia was Guats. Bayerische Schmankerl, literarisch aufbereitet. Dachau 2014. // Ingrid Hagspiel: »So will's der Brauch!« In: Dies.: Um Weihnachten rum. Erinnerungen und Betrachtungen zum schönsten Fest. Dachau 1999. // Annemarie Köllerer: »'s Platzerlbacha«. In: Dies.: Aufs Christkindl warten. Gedichte, Lieder und Geschichten zur Weihnachtszeit. Dachau 1997. // Jutta Makowsky: »Backzillus liegt in der Luft«, »Tante Linchens Stollenrezept« und »Nikolaus für den Hund«. In: Dies.: Ein Teuferl am Christbaum. Stimmungsvolles, Heiteres und Kritisches zur Weihnachtszeit. Dachau 2010. // Sieglinde Ostermeier: »Mid de guadn Vorsätz«. In: Klaus Kiermeier (Hrsg.): Solche Freude. Dachau 2008. // Herbert Schneider: »In der Punschfalle«, »Weißwürscht für den Frieden« und »Umtausch einer Weihnachtsgans«. In: Ders.: A bsondra Tag. Gedichte, Sprüche und Geschichten für die Weihnachtszeit. Dachau 2013. // Bernhard Schulz: »Pfeffernüsse soviel ihr wollt«. In: Franz Freisleder (Hrsg.): O du heiliger Weihnachtsbaum. Vergnügliches für die Advents- und Weihnachtszeit. Dachau 2014.

Unser gesamtes lieferbares Programm und Informationen über Neuerscheinungen finden Sie unter www.bayerland.de

Verlag und Gesamtherstellung:
Druckerei und Verlagsanstalt »Bayerland« GmbH
85221 Dachau, Konrad-Adenauer-Straße 19

Titelbild: Jörg Saupe

Alle Rechte vorbehalten.

© Druckerei und Verlagsanstalt »Bayerland« GmbH
85221 Dachau, 2019

Printed in Germany · ISBN 978-3-89251-519-7

Inhalt

Jutta Makowsky: Backzillus liegt in der Luft ... 7

Hildegard Pflügler: Der verflixte Goidstaub 9

Ingrid Hagspiel: Gewürzplätzchen 10

Annemarie Köllerer: 's Platzerlbacha 12

Jutta Makowsky:
Tante Linchens Stollenrezept 13

Alfons Schweiggert:
Omas Lebkuchen-Wunder 16

Marlene Schwarz: Schreck im Gebäck 18

Annemarie Köllerer: De kloane Naschkatz 20

Sieglinde Ostermeier:
Platzerlehetauglichkeitstest 21

Jutta Makowsky: Nikolaus für den Hund 24

Alexander Bálly: Einbruch 27

Bernhard Schulz: Pfeffernüsse soviel ihr wollt .. 28

Astrid Schäfer: Der Platzerl-Wettstreit 32

Herbert Schneider: In der Punschfalle 37

Cilly Kaletsch: Gelöscht! 40

Ingrid Hagspiel: So will's der Brauch! 41

Herbert Schneider:
Weißwürscht für den Frieden 43

Ingrid Hagspiel: Schliffi und Schnurri 46

Herbert Becker: Ente gut, alles gut! 48

Alexander Bálly: Wünsch dir was 51

Monika Pauderer:
Ein ausgefallenes Weihnachtsmenü 52

Ingrid Hagspiel:
Weihnachtsabend – einmal ganz anders 58

Vivi Heider: Dunkelbier an Schweinsbraten 60

Franz Freisleder: Weihnachtsgans modern 67

Cilly Kaletsch:
Man muss sich nur zu helfen wissen 68

Astrid Schäfer:
Das perfekte (Weihnachts-)Dinner 70

Herbert Schneider:
Umtausch einer Weihnachtsgans 74

Sieglinde Ostermeier: Mid de guadn Vorsätz 78

Alfons Schweiggert: Prost Mahlzeit! 80

Backzillus liegt in der Luft

Als ob um diese Jahreszeit nicht schon genug Bazillen herumschwirrten – jetzt kommt auch noch der gefährliche Backzillus und sucht seine Opfer heim. Er findet sie hauptsächlich unter dem weiblichen Teil der Bevölkerung, der männliche ist ungerechterweise weitgehend immun. Männer sind oft leidenschaftliche Köche, sie stellen auch Quiche Lorraine, Zwiebelkuchen und Elsässer Flammkuchen her – aber das süße Kleinzeug, das pingelige, nein danke! Der vorweihnachtliche Backzillus befällt nur Frauen, seltsamerweise sogar die, die sonst mit der Küche gar nicht so viel am Hut haben.
Die ersten Symptome sieht man an den Augen, die vor den Regalen der Supermärkte fiebrig zu glänzen beginnen; sodann weiten sich die Nasenflügel zu manischem Schnuppern, die Zunge schnalzt. Wie unter Zwang greifen die Hände daheim dann in pulvriges Weiß und glitschiges Gelb, werfen mit Eierschalen, setzen dröhnende Maschinen in Gang und verwandeln die saubere Küche alsbald in ein Schlachtfeld. Zu entsetzlichen, schmierigen Klumpen werden die Hände; sie erfassen in diesem Zustand Türklinken und Telefone. Die vom Backzillus Befallenen rufen sich nämlich gegenseitig an, um sich Mut zuzusprechen und Erfahrun-

gen auszutauschen. Mit klebrigem Kugelschreiber notieren sie auf fettigem Papier: Mandeln, Ingwer, Rum ... halt, warte! Wehgeschrei ertönt. Mein Blech! Schwarz, alles schwarz! Der listige Backzillus grinst und schadenfreut sich: Wenigstens ein Blech verbrannter Plätzchen gehört zu seinem Repertoire – ebenso wie die Brandblasen an den Händen seiner Opfer.

In vielen Häusern unserer Stadt riecht man es schon an der Haustür, dass drinnen der Backzillus wütet. »Mhm, wie das duftet!«, rufen die arglos Eintretenden und stürzen sich gierig auf die Ergebnisse der zwanghaften Kunst.

Obwohl die Herstellerin, erschöpft und gestresst, unbegreiflicherweise meint, sie seien missraten. O nein, sie sind nicht missraten, sie sind guuut!

Merke: Schmecken tut das Zeug nur *vor* Weihnachten, wenn man es aus geschlossenen Blechdosen stibitzen kann. Später, nach der offiziellen Freigabe, dient es nur noch zur Dekoration auf den Weihnachtstellern.

Und dann, wenn Türklinken, Telefone und Hände gereinigt und die Brandblasen verheilt sein werden, verzieht sich der listige Backzillus in einen stillen Winkel und ergötzt sich an neuem Wehgeschrei, das da ertönen wird beim Betreten der Waage.

Jutta Makowsky

Der verflixte Goidstaub

Unser Nussbaam hot oiwei vui Nüss.
Do is füa uns a Erfordernis,
dass ma de aa verwenden,
seine guatn und reichlichn Spenden.

Bei uns is des oiwei im Advent.
Scho wenn de erste Kerzn brennt,
setzn mia uns recht gmüatli zamm,
zu unserm bsondern Adventsprogramm:

Singa, Ratschn und Vorlesn,
dazua Nüss aufknackn und essn,
fürn Christbaam d' Nüss in Goldstaub drahn,
so passt's unserm Familienclan.

Vorigs Johr is do epps passiert,
des war net gwollt und eistudiert:
D' Mama hot grod an Platzltoag gmacht
und über an Witz vom Papa glacht.

Do hot s' fünfmoi niassn müassn.
Na hot's glei ausgschaut ziemle bschissn:
Da Goidstaub is umanandgflogn,
denn in da Küch hot's ganz schee zogn.

Da Toag hot a goidne Deckn ghabt,
und d' Mama hot gwerklt und gschabt,
hot aber den Toag net rettn kenna.
Do ham ma gjammert, mia vier Männa.

Mia Buam ham uns gfuiht wie Engerl,
ham goidn glänzt, mia drei Bengerl.
Oisam ham bodn müassn und putzn,
des war dann vom Goidstaub der Nutzn.

Hildegard Pflügler

Gewürzplätzchen

Von meiner Mutter habe ich die Liebe zum Kochen und Backen geerbt und dazu einige ihrer köstlichen Rezepte wie Schweinsbraten, Apfelstrudel, Gulasch und Rumtörtchen.
Verzweifelt aber versuche ich Jahr für Jahr ihre himmlischen Spekulatiusse nachzubacken, deren Duft in der Weihnachtszeit so unvergleichlich würzig durch das Haus gezogen ist.
Da mir das dazugehörige Rezept fehlt, probierte ich es erst einmal mit den üblichen Gewürzen wie Zimt und Nelken. Oh nein – da war noch etwas anderes – vielleicht Bittermandel oder Orangen-

likör? Nein. Das nächste Mal versuchte ich es mit Anis und Rum. Die Plätzchen waren recht gut. Doch die Unvergleichlichen waren es nicht. Halt – vielleicht muss man die Mandeln rösten?
Liebes Mütterlein, was hast du da alles in den Teig gemischt? Es ist nun das fünfte Jahr nach deinem seligen Heimgang, dass ich rumprobiere und rumprobiere.
Eines Nachts ist sie mir im Traum erschienen und hat mir zugeflüstert: »Du musst das Kräutlein EFEMBE und das Kräutlein AGEES daruntermischen!«
Ist gut, liebes Mütterchen. Ich habe dich verstanden. Es soll und wird dein Geheimnis bleiben. – Obwohl es dir viel Lob eingebracht hätte!

Aber man muss und darf nicht alles können.

Ingrid Hagspiel

's Platzerlbacha

De Platzerl san jetz drin im Rohr.
… hab endlich Pause, ruah mi aus.
Ja, im Moment gibt's nix zum Doa,
i schaug beim Küchenfenster naus.
Dick liegt da Schnee auf Wiesn, Feld …
Wia habn's jetz bloß de Vögerl schwaar!
Koa Wurm, koa Körndl! 's is vui z' koid:
Ihr Fuadertisch is jetza laar!
Sie scharrn und suachan, nix gibt's mehr!
I fuih's, ihr Hunger plagt s' aso.
Jetz … fliagt a Spatz zum Fenster her –
und schaut mi gar so bittend o.
Du armer Kerl, boid hab i Zeit!
Und nach am Bacha geh i glei
zum Kramer umme, 's is ned weit,
und kaaf a Voglfuader ei!
Da kimmt de Kloa in d' Küch reigrennt:
»Du, Mama, 's stinkt im ganzn Haus!«
Uih, meine Platzerl, fast verbrennt!
Ganz schnell schalt i an Ofa aus.
Des guate Sach! Mir is's ned recht!
Doch plötzlich wer i richtig froh,
's is halb so schlimm und gar ned schlecht:
De armen Vögerl wartn scho!

Annemarie Köllerer

Tante Linchens Stollenrezept

»Dresdner Stollen muss nicht aus Dresden kommen«, konnte man vor geraumer Zeit in der Zeitung lesen. Darauf hin rumpelte es auf dem Dresdner Trinitatisfriedhof. Das war Tante Linchen, die sich im Grab umdrehte. In der folgenden Nacht erschien sie vor dem Bett ihrer Münchner Nichte.
»Nu, was sachste nu daazu?«, spricht sie mit durchaus nicht jenseitiger Stimme, »da gann nu also jeder hergeloofene Bäckerlehrling gommn un behaubdn, sein lausiches Gebräsel wärn unsere Dräsdner Griststollen. Weeß Gnebbchen, da heert sich doch alles uff, findste nich?« In weißgestärkter Schürze steht sie da, das Wellholz schwingend, und verströmt einen Duft nach bitteren Mandeln, eben jener Zutat, die von nichtsächsischen Bäckern unverantwortlicherweise weggelassen wird. »Un was nähm se stattdessen?«, fährt Tante Linchen fort, »Biddermandelessenz! Fui Spinne!«
Schüchtern wendet die Nichte ein, dass bittere Mandeln als giftig bekannt seien und wohl deshalb nicht verwendet würden.
»Nicht, wenn se gebacken sind. Die frisst mer doch nicht roh!«
Für eine Erscheinung aus dem Jenseits ist das eine recht deftige Sprache. Aber nun ist sie in Fahrt.

»Nee, nee, meine Gudste, Weißwürschte gönnt ihr machen, Läbergneedl gönnt ihr machen und vielleicht ooch Bier – aber Stollen gönnt ihr äbn nich machen!«

»Aber Tante Linchen«, versucht die Nichte zu beschwichtigen, »wir haben doch in München die berühmte Dresdner Hofbäckerei. Die nehmen bestimmt die richtigen Zutaten.«

»Ganz schnuppe, was se nähm«, schnaubt Tante Linchen, »vor allem nähm se viel Geld. Weeßte noch, meine Gudste, wie du mir immer de Zudahden geschickt hast?«

Freilich weiß es die Nichte noch. Die ganzen Ostzonen- und DDR-Jahre hindurch ging das so. Bereits im August traf mit schöner Regelmäßigkeit der Paket-Wunschzettel ein. Mit ausgefallenen Dingen wie Rindertalg und eben Bittermandeln; viel Gelaufe war das. Aber kurz vor Weihnachten kam dann das Ergebnis an: der Stollen von Tante Linchen, unnachahmlich, von keiner Hofbäckerei zu übertreffen.

Viele Jahre ging das so hin und her. Bis Tante Linchen eines Tages das Wellholz wegschmiss und sich zum Sterben hinlegte, lang vor der Wiedervereinigung.

Seitdem versucht sich die Nichte alljährlich im Stollenbacken; es sind aber nur ungenaue Rezeptangaben überliefert; nicht zu wenig Salz, nicht zu viel Zucker, ordentlich gehenlassen, tüchtig durchwalken, und nach dem Backen genug frische Butter drauf. Keine Eier, die Rosinen in Rum eingeweicht und vor allem – mindestens sechs Wochen im Steinkrug lagern. Das alles macht die Nichte nach Vorschrift, erzielt auch jedes Jahr bessere Ergebnisse, aber der letzte Pfiff fehlt. In den feinsten und teuersten Kochbüchern steht das falsche Rezept.

»Eier in Deich un dafür breisgegrönt«, empört sich Tante Linchen, »die hamm se wohl nich mähr alle!«

»Ach, liebe Tante Linchen«, schmeichelt die Nichte, »willst du mir nicht mal verraten, was ich machen soll, damit meine Stollen so schmecken wie deine?«

Die Erscheinung mitsamt Schürze, Wellholz und dem eisgrauen Duft beginnt sich aufzulösen.

»Halt, Tante Linchen, bleib da! Sag mir doch bloß noch, was du reintust!«

»Gefiehl, meine Gudste«, hört die Nichte schon wie durch den Nebel, »Gefiehl muss de reinduhn. Aber saach's nich weider. Das is e Geheimrezebbt!«

Na ja, und dann hat sie fortgemacht, Richtung Trinitatisfriedhof oder Richtung Himmel, was weiß man schon.

Jutta Makowsky

Omas Lebkuchen-Wunder

Unsere liebe Oma, die war
im Lebkuchenbacken schlichtweg ein Star.
Neun Gewürze nahm sie vor allen Dingen,
die ließen den Lebkuchen bestens gelingen.

Im Advent sprach sie: »Es ist soweit,
zum Lebkuchenbacken ist es nun Zeit.
Neun Gewürze gehören, das muss so sein,
genau dosiert in den Teig hinein.«

NELKENPFEFFER hat sie als erstes genannt,
auch als »Piment« und »Englisch Gewürz«
                                            bekannt.
Als zweites Gewürz nahm sie ZIMT mit hinein,
gebrauchte ihn sparsam, er roch sehr fein.

Als drittes dann INGWER nach altem Brauch,
»Ginger« oder »Schnapswurzel« heißt er auch.
Als viertes benötigst du ANIS gewiss,
der schmeckt wie Lakritze ein bisschen süß.

Mit KORIANDER würzte den Teig sie jetzt,
dieses fünfte Gewürz ist sehr geschätzt.
KARDAMOM war das Gewürz Nummer sechs,
ein aromatisch-feuriges Zaubergewächs.

Auch MUSKAT gehört in den Teig gerieben,
er ist das leicht bittre Gewürz Nummer sieben.
Als achtes, zu Pulver zerstampft ganz fein,
kommt die GEWÜRZNELKE in den Teig
                                  hinein.

Und als neuntes Gewürz dann zu guter Letzt
noch FENCHEL getrocknet und gemahlen jetzt.
Neunfach gewürzt, du glaubst es nicht,
war Omas Lebkuchen ein Weihnachtsgedicht.

Auf ihren Rat hin hab ich es selber versucht,
doch am Ende hab ich schrecklich geflucht,
denn mein Lebkuchen, der schmeckte nicht
und war daher leider kein Weihnachtsgedicht.

Ich habe mich ganz entsetzlich geniert,
die Gewürze hab ich wohl falsch dosiert.
Die mischte nur Oma perfekt, dann entstand
ihr Lebkuchen-Wunder, es schmeckte pikant.

Alfons Schweiggert

Schreck im Gebäck

Weihnachten! Fest des Friedens und der Freude! Wirklich? Denken Sie, um nur ein Beispiel zu nennen, an die verbrannten Butterplätzchen, als plötzlich ein unerwarteter Anruf die Zeit im Backrohr um etwa eine Viertelstunde verlängert. Das Ergebnis: kohlschwarze, steinharte Herzen und Sterne, ungenießbar. Noch Wochen nach diesem »Unfall« schrieben die boshaften großen Brüder der kleinen Bäckerin Botschaften mit den Zacken der schwarzen Sterne, die sich dafür vorzüglich eigneten.

Die vielen gelungenen, hervorragenden Kokosmakronen, Lebkuchen, Pfauenaugen und Spitzbuben fanden dagegen volle Anerkennung. Da jedes Jahr traditionell zum ersten Advent die Weihnachtsplätzchen fertig sein mussten, wurden sie sorgfältig in schöne Blechdosen verpackt und sicherheitshalber auf dem alten Bauernschrank gestapelt. Dort waren sie in dem nicht einsehbaren geschnitzten Kranz verborgen. Meint man! Aber rechnet nicht mit dem Spürsinn der Brüder! Jedenfalls fand sich am Weihnachtsabend kein einziges Muster der Plätzchenproduktion mehr. Allerhöchstens in den leeren Dosen ein Zettel, auf dem mittels eines verkohlten Sterns »Leer!« geschrieben stand.

Der ultimative Schrecken aber war die Stollenkatastrophe. Das Backen mehrerer Rosinenstollen oblag der Mutter.

Lionel, ein Reiseandenken von den griechischen Inseln, war noch nicht lang bei der Familie. Ein braver, dankbarer, mittelgroßer Hund unbestimmbarer Rasse. Lionel also sollte sein erstes Weihnachten in der neuen Familie erleben. Wie gesagt war er brav, aber die Erinnerung an den meist leeren Magen war noch nicht verblasst. Ein üppiges Frühstück – nur bestens bekömmliches Spezialhundefutter – hatte er schon verdrückt, als Frauchen einen kiloschweren Hefestollenteig auf die Küchenanrichte legte, auf dass er dort neben dem warmen Herd richtig aufgehe.

Ein kurzer Blick in die andere Richtung, ein Schritt aus der Küche – und ein Satz auf die Anrichte: Ruckzuck verschwand ein Kilo Hefeteig in Lionels Magen. Der Schreck war riesig! Nichts wie ins Auto mit dem Hund und zum Tierarzt. Die Qualen waren gewaltig, das arme Tier oder vielmehr der Teig in seinem Inneren blähte sich, wie an und für sich erwünscht, gigantisch. Was dem Tierarzt als Lösung dazu einfiel, ist nicht überliefert, aber es half. Lionel wurde wie ein angestochener Luftballon von seiner Luft erlöst und überlebte. Das Weihnachtsfest war gerettet.

Marlene Schwarz

De kloane Naschkatz

Naa, heit konn i ned widersteh –
muaß unbedingt in d' Speis nausgeh!
Bin sovui glangrig, ned zum Sagn …
A bsonders Gfui duat mi heit plagn!
    Tagelang hat d' Muatta bacha,
    lauter guate süaße Sacha!
    I woaß, dass i ned naschn soll!
    Oa oanzigs Platzerl i mir hoi!
Was riacht denn do herinn so fei?
I schaug in d' Weihnachtsdosn nei!
A Nikolaus, sovui schee zum Schaugn,
hat Mandlknöpf, Korinthenaugn!
    Sei Mantl, aus rotm Himbeerguss,
    weiß eigsamt, hmm … a Hochgenuss!
    Wia werdn wohl de Korinthen schmecka?
    Am Zuckerbart werd i schnell schlecka!
Es konn do gar ned vui passiern:
Oa Mandl werd i glei probiern.
A Stückerl vo da Zipfelmützn,
werd i ganz heimlich no stibitzn!
    Jetzt plagt mi plötzlich mei Gewissn:
    Da Umhang, d' Mützn …, oiß zerrissn!
    Jetz schaugt er wiar a Räuber aus,
    der wunderschöne Nikolaus!

Annemarie Köllerer

Platzerlehetauglichkeitstest

Wer meine Gschichtn kennt, woaß, dass 1. mei Mo ziemle oft herhoitn muaß, 2. Hausarbad ned zu meine Hobbys zejd.
Bacha aba scho. Und glei vo Anfang oo hob i gern und vui Platzerl bacha. Vo dene vermurksdn Karrierestarter wui i aba heid gor ned verzejn, de keman gwieß so ähnle in etle Gschichtn vor.
Eher vo dem Tauglichkeitstest für unser junges Ehelebn. Mei Mo und i san in vui Sachan ziemle verschiedn, ham aba aa a poor gemeinsame Leidnschaftn. Zum Beispui de für Platzerl. Oiso, gnau gsagd: I mogs gern bacha, mei Mo mogs gern essn. Des wead jetz aa ned grod sowos Bsonders sei, denk i mia, is woi bei de mehran Leid a so. Aba de mehran Weiberleid bachan hoid eana Sortiment an Platzerl, weils as braucht oda da Brauch is.
I bach Platzerl, weil i do mei Fantasie auslassn ko. Oiso, bei mia wead des ned a Blech voi Zimtstern oda Vanillekipferl, oans wia s anda, 35 gleiche Zimtstern und 67 exakte Kipferlhoibrund. Do daad mei Hirn an Aufstand macha. Naa – bei mia wean des Kunstwerk!! San scho aa Herzn und Stern dabei, aba koa oanzigs gleichs. De wean verziert, mid oim, wos ma so hernehma ko und no hoibwegs essbar is. Dann hob i mia oiwei so Papiertüterl bastld mid obgschnitte Spitzn, wo ma

Zuckergussverzierunga draufbabbn ko (den komplettn Körpereinsatz bedeit des, bis du mid am unfoifreia und ned verbaadsdn Herz rumkimsd) und hoid Glitzersternderl und Elfnstaub in 24 verschiedne Rosa, jeds Sternderl genau an sein Plotz. Jeda Mond und jeda Eisbär und jeda Pinguin kriagd aa genau sei Glasurfarb, wo zu eahm ghead, wos bei Pinguin scho a extra Beschwernis bedeit, zwecks dem schwarzn Mantl. (Heid gibds a schwarze Glasur im Internet. Aba domois hosd dei Hirnkastl scho ostrenga miassn, bis wos schwarz rauskema is.)

Kon se jeda gwieß sejba denga, dass des oiss a miahsame Gschicht is und ned bloß vui Zeid und Geduid verbraucht. Gnau betracht, befind se hinterher auf mein ganzn Gstej koa oanzigs Fleckerl, wo ned weh daad. Aba des verschiab i vor lauta Stoiz weng de 123 ausbroatn Wunder. De wean nacha nach Sortn und Farbn in scheene Dosn vorsichte eigschlicht und aufghebd für eanan großn Auftritt an Weihnachtn.

Den Ausschuss, oiso zerbrochane, vermurkste, verfaarbde, verbrennde und alle Testexemplare, verfuadad i glei an mein Mo. Dea gfreid se und is koa bissl beleidigd, weil er den Unterschied ned so direkt kennd. I moanad, er waar aa zfriedn damid. Aba is hoid a so: Bringsd an Mo erschd amoi aufn Gschmack, nacha …

Oiso, kurz gsagd: Unsa jungs Eheglück hod scho

s erschde Weihnachtn den greßern Härtetest übersteh miassn. Wia i a poor Dog noch da Bacherei mein liabn Mo vor da offna Platzerldosn dawisch. Wo er grod oans ums anda vo meine Kunstwerk zamamampfd. Ohne Hischaung!!! Neban Zeitunglesn!!!

Jetz noch sovui einigermaßn tapfer überstandne Ehejahr kon i des ja zuagebn, dass mia domois scho ganz kurz des Messer, des extra spitzige ganz hint im Schubladn eigfoin is …

Sieglinde Ostermeier

Nikolaus für den Hund

In einem modernen Hochhaus am Stadtrand lebt der Bernhardiner Bello mit seinem betagten Herrle. Sie wohnen im elften Stock, aber Bello hat mit dem Lift und seinem Schwanz einmal schlechte Erfahrungen gemacht und ist seitdem nicht mehr dazu zu bewegen, jemals im Hundeleben wieder einen Lift zu betreten. Das Herrle fährt also Lift, der Hund geht zu Fuß. Meistens ist der Hund zuerst oben.

An einem frostigen Dezemberabend, als sie vom späten Gassigehen heimkommen, ist aber das Herrle zuerst da.

Wo bleibt denn der Bello? Auf Herrles Pfiff reagiert er nicht, was er als gut erzogener Hund sonst immer tut. Irgendetwas Außergewöhnliches muss im Treppenhaus los sein. Vielleicht eine Katze? Oder ein Einbrecher? Aus einem tieferen Stockwerk sind jetzt seltsame Geräusche zu hören: Schnauben, Klirren …

»Gehst glei her, Bello!« Der Hundschritt nähert sich, aber nur bis zum siebten Stock. Da – wieder die Geräusche – Hin- und Herschieben von Gegenständen, Knurren, Schmatzen. Das wiederholt sich noch zweimal.

Endlich ist der Hund da, aber wie sieht er aus! Total verschmierte Schnauze, Glanzpapier zwi-

schen den Zähnen, das er prustend ausspuckt, mit der riesigen Zunge schleckt er sich rechts und links das Gesicht ab. »Hast du Schoklad gefressen, Bello? Wer hat dir denn Schoklad gegeben? Oder hast du die« – Herrles Ton wird drohender – »womöglich geklaut?«
Bello drückt in ausdrucksvoller Körpersprache seine Unschuld aus, schaut seinen Herrn treuherzig an und fegt mit dem Schwanz den Boden. Soll heißen: »Aber das stand doch alles am Boden, Herrle, und was am Boden steht, ist einwandfrei für den Hund! Nein danke, kein Chappi mehr. Ich bin satt!« Und nachdem die Wohnungstür aufgeschlossen ist, trollt der Bello sich zufrieden in seinen Korb.
Jetzt geht dem Herrle ein Licht auf. Es ist die Nacht vom fünften auf den sechsten Dezember. Im Haus wohnen viele junge Familien mit Kindern. Da ist der Nikolaus dagewesen und hat ihnen was vor die Türen gestellt.
Was tut nun ein gewissenhafter Hundehalter? Er muss den Schaden wieder gutmachen. Zum Glück hat er vorgestern seinen achtzigsten Geburtstag gefeiert – da haben ihm die Gratulanten viele gute Sachen gebracht – und auch einen flauschig roten Bademantel mit Kapuze hat er gekriegt. Damit angetan schleicht nun das Herrle durchs Treppenhaus, stellt die umgeschmissenen Stiefel und Teller wieder ordentlich hin und füllt sie mit neuen

Gaben. Es sind zwar nicht genau die gleichen, aber was soll's? Hauptsache süß.
Am Morgen wundern sich die Eltern, dass da auf einmal Diabetikerpralinen und Multivitaminsäfte in den Stiefeln stecken, statt des Glumps vom Supermarkt – aber der Nikolaus ist halt ein kluger Mann, der weiß, was gesund ist und den Kindern frommt.

Jutta Makowsky

Einbruch

Da kommt man müd nach Haus
und sieht es voller Graus:
Alle Fenster stehen offen!
Das lässt mich gar nichts Gutes hoffen.

Ich werde laut, ich tob und schrei:
»Räuber! Gangster! Polizei!«
Ein Dieb hat mir auf leisen Sohlen
alles gemopst, geklaut, gestohlen!

Das ist ein wirklich starkes Stück,
denn gar nichts ließ er mir zurück!
Gründlich schau ich noch einmal:
Alles weg und leer und kahl!

Ein Schurkenkerl ohne Gewissen
hat ihn gepackt, frech aufgerissen
und leergefuttert! Schuft, elender!
Mein schöner Schoko-Christkalender!

Alexander Bálly

Pfeffernüsse soviel ihr wollt

Wenn die ersten Schneeflocken fallen, sie dürfen getrost wässrig sein und sich in Nässe auflösen, erinnere ich mich mit Vergnügen an ein Ereignis, das sich in meinem Elternhaus abgespielt hat und das mit Weihnachten zu tun hat. Es handelt sich dabei um genau einhundert Pfund Pfeffernüsse. Ich muss vorausschicken, dass mein Vater jener Typ von Versorger war, der einfach nicht genügend Widerstandskraft besaß, Waren, die ihm durch Offerten angeboten wurden, nicht zu bestellen. Dieser Typ fällt auf jedes Angebot herein, und das Verlockende an den Angeboten war der Umstand, dass ihre Ware erst vier Wochen nach Erhalt bezahlt zu werden brauchte. Wer einmal angefangen hat, mit solchen Firmen zu arbeiten, wird bis ans Ende seines Lebens mit bunten und sorgfältig aufgesetzten Drucksachen versorgt.
Wir wohnten auf dem Lande und waren für die Post gerade noch erreichbar. Es gab im Dorf kein gut assortiertes Kaufhaus, das es mit den bunten Drucksachen hätte aufnehmen können. Hier lag der Grund, warum diese Offerten auf schwache Naturen einen starken Reiz auszuüben vermochten, und mein Vater war ein schwacher Vater. Mutter war strikt dagegen, Schulden zu

machen, und Vater schickte seine Liste in aller Heimlichkeit ab. Das Bestellen wurde ihm ja so leicht gemacht; er brauchte dem Brief nicht einmal eine Marke aufzukleben, das Porto bezahlte der Empfänger. Kleingedruckt versicherte die Firma, dass sie bereit sei, die angeforderte Ware nicht nur ein einziges Mal, sondern sogar monatlich und auf besonderen Wunsch wöchentlich zu liefern, und da musste man höllisch auf Draht sein, um nicht in des Teufels Küche zu geraten, und genau dort landete mein Vater.

Ohne einen Schritt mehr als den zum Briefkasten getan zu haben, wurden ihm zu seiner eigenen Verblüffung wöchentlich acht Pfund Margarine, sechs Pfund Tilsiter Käse, ein Eimerchen Erdbeermarmelade, ein Eimerchen Heidehonig, ein Kanister Sonnenblumenöl, drei Kisten Zigarren, ein Sortiment Fischkonserven, zwei Kilo Kaffee, unkontrollierbare Mengen an Tee, Schokolade, Gebäck, Haarwasser, Zahnpasta, Malzbonbons, Badesalz, Hefe und Soßenpulver geliefert. Am meisten wunderten wir uns über das Soßenpulver, für das niemand in der Familie Verwendung hatte. »Ich dachte, du könntest es gebrauchen«, sagte Vater, und meine Mutter erwiderte, er solle gefälligst das Denken sein lassen, es käme nichts als Soßenpulver dabei heraus.

Für meine Mutter war es schwierig und zeitraubend, die Lieferanten zu überzeugen, dass es jetzt

genug sei und dass sie mit Zahnpasta für die kommenden hundert Jahre eingedeckt sei. Sie setzte sich hin und schrieb regelrechte Bettelbriefe, in denen sie ihre Not offenbarte und darum bat, in Zukunft mit Tilsiter Käse verschont zu werden.
Dann ereignete sich die Geschichte mit den Pfeffernüssen. Eine Nürnberger Lebkuchenfabrik hatte statt der bestellten 5 Kilo Pfeffernüsse sage und schreibe 50 Kilo auf den Weg gebracht. Sie hatten an Vaters 5 eine Null gehängt, sie hatten ein bisschen multipliziert, sie hatten es ganz einfach mal versucht, hundert Pfund von ihrem wohlduftenden Backerzeugnis an diesen Kunden in der Provinz loszuwerden. Weiß der Himmel, was sich die Lebkuchenbäcker in Nürnberg dabei gedacht hatten.
Heute weiß ich, und mein Vater hat es ebenfalls erfahren, dass einhundert Pfund Pfeffernüsse unter dem Weihnachtsbaum imstande sind, eine achtköpfige Familie auszurotten. Einhundert Pfund Pfeffernüsse bedeuten nicht Frieden auf Erden und unter gar keinen Umständen den Menschen ein Wohlgefallen.
O Tellergraus, o Magenschreck, was da süß und pfeffrig über uns kam, war das geradezu blödsinnige Gegenteil von Mangel.
Es war eine Überschwemmung, eine Feuersbrunst, ein Vulkanausbruch in weihnachtlicher Backware. Es war eine raue Menge, von der

immer schon die Rede ging. Vater mochte es den Bäckern in Nürnberg nicht antun, ihnen die neunzig Pfund Pfeffernüsse zurückzuschicken, die er nicht bestellt hatte. Er war sicher, dass die Nürnberger Lebkuchenindustrie in solchen Dingen keinen Spaß verstehen würde.
Mutter rüttelte an ihm und sagte: »Heraus mit der Wahrheit! Du hast fünfzig Kilo bestellt, ich kenne dich doch!« Vater stand neben den beiden riesigen Kartons mit Pfeffernüssen. »Kinder, wisst ihr was«, sagte er, »ihr dürft davon essen, soviel ihr wollt!« Er machte einen Karton auf und schob sich eines von diesen weißen Dingern in den Mund, um uns auf den Geschmack zu bringen. »Das ist Ware«, sagte er anerkennend. In dieser Minute begann für seine Familie ein viele Monate währendes Leben voller Qual und Pfeffernüsse. Zum Frühstück, zum Mittagessen, zum Nachmittagskaffee und zum Abendbrot gab es Pfeffernüsse. Pfeffernüsse in den Pudding und in die Milchsuppe. Pfeffernüsse in den Schulranzen und in den Wanderrucksack. Pfeffernüsse ins grüne Nest des Osterhasen und anstelle von Taschengeld für den Jahrmarkt. Meine Mutter machte Pfeffernüsse mit Himbeersaft und mit Quark an, und einmal versuchte sie es mit Maggi. Sie rieb Pfeffernüsse auf der Reibe und trieb Pfeffernüsse durch den Fleischwolf.
Kein Mensch auf Erden außer meiner Mutter

weiß, dass ein Zentner Pfeffernüsse in der Küche schlimmer ist als überhaupt nichts zu essen.
Der Himmel möge ihr die Sünde verzeihen, aber sie hat den Rest zu Hühnerfutter verkocht. Sie tat es, und die Eier schmeckten eine Zeitlang nicht wie Eier, sondern wie Pfeffernüsse.

Bernhard Schulz

Der Platzerl-Wettstreit

»So, Buam«, sagt die Bedienung vom Café Rosenroth, während sie einen Teller mit Zimtsternen auf den Tisch stellt, »de Platzerl spendier ich euch, weil ihr so treue Stammkunden seids.«
»Mh, Zimtstern – des san meine liabsten Platzerl«, meint der Flori, und: »Dankschön!« Und schon beißt er genießerisch in eines der appetitlichen Gebäckstücke. Auch Michi und Noah langen nach dem Dankesagen fleißig zu.
Als der Michi den letzten Stern vom Teller genommen hat, schaut er ihn einen Augenblick lang versonnen an. Die beiden anderen stoßen sich heimlich mit den Ellbogen an und ahmen amüsiert sein »Goaßngschau« nach. Aber was der Michi dann sagt, findet doch ihr Interesse.

Er schlägt nämlich vor, auf der Weihnachtsfeier des Feuerwehrvereins einen noch nie dagewesenen Programmpunkt einzuführen und zwar: ein Zimtstern-Wettessen. Das wär doch mal was Neues und mitmachen kann auch jede(r).

Und tatsächlich findet auf besagter Weihnachtsfeier dann ein Zimtstern-Wettessen statt. Angemeldet dafür haben sich acht Kombattanten: Feuerwehrkommandant Staudinger (dem man schon allein wegen seiner Statur den Sieg zutraut), der hagere Kassier Zirngibler, ein mittelalter und vier junge Feuerwehrler und eine Feuerwehrnovizin.

Nachdem die traditionellen Programmpunkte – Ansprache des Kommandanten, Auftritt eines Weihnachtsengels, Verlesen der »Heiligen Nacht« von Ludwig Thoma, Verlosung der Wichtelgeschenke, Harfenmusik der Frau Kommandantin – abgespult sind, wird alles für den edlen Wettkampf hergerichtet.

Jeder Wettstreiter bekommt auf sein Tischchen eine große Blechschachtel mit genau abgezählten Zimtsternen und eine Flasche Wasser. Wer innerhalb einer Viertelstunde die meisten Platzerl gegessen hat, ist der Sieger. Natürlich werden auch Wetten angenommen. Die meisten trauen dem Staudinger den Sieg zu, er hat also die schlechteste Quote. Unser Flori – ja, er nimmt auch teil – hat aufgrund seiner schlanken Statur nur eine Außenseiterchance. Aber der Michi und der Noah, die um seine Zimtstern-Vorliebe wissen, glauben ihn einer unschlagbaren Höchstleistung fähig. Sicherheitshalber haben sie sich trotzdem gleich neben seinem Tischchen postiert, um ihn tüchtig anfeuern zu können.

Schon erklingt ganz stilgerecht ein altes Signalhorn – und es geht los. In den ersten Minuten lassen sich kaum Unterschiede beobachten, jeder der Wettesser greift, schluckt, greift, schluckt … Aber bald kommen unterschiedliche Techniken zur Anwendung. Während der eine zu jedem Zimtstern einen Schluck Wasser nimmt und ihn damit hinunterschwoabt, isst der andere immer mehrere Stück und befeuchtet dann erst seine Kehle. Die einen sind eher die Im-Ganzen-Schlucker, die anderen die Sorgsam-Kauer. Das Ganze wird untermalt von einem Heidenlärm, denn fast jeder Esser hat seine Unterstützer, die ihn zum Rekord anspornen wollen. Beim Staudinger sind das seine drei Kinder, die bei jedem Zimtstern, den der Babba verschlingt, in Jubelgeschrei ausbrechen. Die junge Frau hat eine ganze Horde weiblicher Groupies dabei, die wie die Cheerleader Pompons schütteln und wilde Schlachtgesänge anstimmen. Der mittelalte Feuerwehrler dagegen hat sich wohl gegen den Willen seiner Ehefrau für das Wettessen angemeldet; jedenfalls steht sie kopfschüttelnd und kritische Ts-ts-ts-

Laute von sich gebend neben seinem Tischerl, sie wirkt wie eine fleischgewordene Essbremse. Um den Zirngibler scheint sich niemand zu bekümmern, ebenso ergeht es einem der Jungfeuerwehrler. Die anderen werden von ihren Freundinnen und Freunden angefeuert, aber niemand strengt sich so an wie Noah und Michi. Noah hat sich sogar ein Handtuch besorgt, um dem Flori wie ein Boxtrainer Luft zuzufächeln, während Michi beschwörend eine Litanei pikanter Speisen herunterbetet: »Schweinsbratn, Leberkaas, Brathaaring, Gselchts …«, weil dem Flori die süßen Platzerl allmählich »anstehn«. Auch die anderen Kombattanten werden immer langsamer beim Zugreifen, jeder zeigt eine zunehmend rote oder grünliche Gesichtsfarbe und ungesund herausquellende Augen. Nur der dürre Zirngibler mampft unverdrossen einen Zimtstern nach dem anderen in sich hinein. Es geht aufs Ende zu. Fast weinerlich bettelt der Michi: »Und no oan, auf geht's, Flori, oan no, glei is's vorbei …«, und eines von den Staudingerkindern heult wie eine Feuerwehrsirene, weil der Babba den Mund nicht mehr auftut und schlichtweg das Weiteressen verweigert.

Endlich, endlich ertönt das erlösende Signal. Augenblicklich reißt es den Flori und zwei andere Wettesser schier von ihren Stühlen hoch, sie rumpeln mit der Faust vor dem Mund hinaus aus dem Saal und hinein ins Männerklo, wo sie

sich dankbar und ausgiebig jedweder Beschwernis erleichtern. Die anderen bleiben zwar erledigt an ihren Plätzen sitzen, schreien aber dringlich nach scharfen Schnäpsen oder Magenbittern. Nur der Zirngibler, der ein seliges Weihnachtslächeln im Gesicht hat, will einen Punsch haben.
Wer das Zimtstern-Wettessen gewonnen hat, wollen Sie wissen? Das ist doch ganz klar, das war der Zirngibler. Unser Flori hat immerhin den zweiten Platz gemacht und als Preis dafür gab es eine wunderschöne und riesengroße Blechschachtel voller – Zimtsterne. Unerwartet großzügig hat er die am nächsten Tag gleich seiner jüngeren Schwester geschenkt, die sie freudig mitgenommen hat zu ihrer Chorpobe.
Von seiner Vorliebe für Zimtsterne will der Flori übrigens nichts mehr wissen. Schon wenn er irgendetwas Zimtiges nur riecht, beutelt es ihn, und er kann dann sehr überzeugend von seiner schlimmen Zimtstern-Allergie berichten.

Astrid Schäfer

In der Punschfalle

Ja, du Lalli, du lallst ja, sagt die Maßschneiderin zum Maßschneider. Wo kommst du denn her?
Direkt von den Hirten auf dem Felde, antwortet der Maßschneider vergnügt und versucht, ihr einen Schmatz aufzudrücken.
Bleib mir vom Leib mit deiner Fahne! Sich am helllichten Nachmittag volllaufen lassen! Habt ihr vielleicht eure berüchtigte Betriebsweihnachtsfeier gehabt? Mit der Wildmoserin als gefallenem Engel?
Nein, erwidert der Maßschneider, unser Betriebsweihnachten findet erst übermorgen statt. Da kannst du vor Mitternacht nicht mit mir rechnen. Ich war ganz woanders, ich war auf dem Christkindlmarkt – um dir eine Freude zu machen!
So! Und aus was besteht diese Freude? Vielleicht aus deiner roten Nase?
Nein, ich wollte dir was Hübsches mitbringen. Etwas, das zu dir passt: zum Beispiel einen Wecken Kletznbrot.
Tu dich mäßigen, gell! Zeig mir lieber das Geschenk!
Ja, das ist jetzt so eine Sache, zögert der Maßschneider. Weißt, ich bin gar nicht so richtig in den Christkindlmarkt hineingekommen …
Aha! Hat vielleicht der Herr Oberbürgermeister

Barrikaden errichten lassen, um dich und deinesgleichen vor Fehlkäufen zu bewahren?
Das gerade nicht. Aber gleich am Eingang hat mir eine Punschbude den Weg versperrt. Und weil es mich ganz furchtbar in die Finger gefroren hat …
Und Handschuhe hast du keine?
Hätte ich schon. Aber du selber bist es gewesen, die sie mir heut in der Früh nicht mitgegeben hat!
Dann wundert mich bloß, dass du nicht in Unterhosen ins Geschäft gegangen bist. Denn deine Hose, die hab ich dir ja auch nicht angezogen.
Ja, leider, seufzt der Maßschneider. Der Service könnte wirklich besser sein!
Und ich hab immer geglaubt, ich wär mit einem Mannsbild verheiratet und mit keinem Wickelkind! ruft die Maßschneiderin blitzenden Auges.
Also, wie schon gesagt, fährt der Maßschneider fort, es hat mich sakrisch in die Finger gefroren, und da hab ich mir gedacht: An einem Glas heißen Punsch könntest du dir die Klupperl wieder aufwärmen.
Mit anderen Worten: Die kalten Händ müssen für deinen Alkoholismus herhalten! Sag endlich klipp und klar: Wie viele Glasl sind es insgesamt gewesen?
So genau könnt ich dir das gar nicht mehr sagen. Da war nämlich nebenan noch ein Stand, dort

hat's Schweinswürstl mit Kraut gegeben. Da bin ich immer so hin- und hergependelt.
Aha, deshalb hängen also an deinem Schnurrbart Krautfäden! Hat's dich vielleicht in die Lippen auch gefroren?
Ohne auf diese Gehässigkeit näher einzugehen, sagt der Maßschneider: Sechs oder höchstens sieben Gläser, mehr waren es nicht. In dem Punsch war Zimt drin und Nelkengewürz. So was Gutes habe ich schon ewig nicht mehr gegurgelt.
Gewissen Leuten könnt man wahrscheinlich sogar Abspülwasser verkaufen, wenn man nur genügend Schnaps hineinschüttet, meint darauf die Maßschneiderin. Aber hast du nicht etwas von einem Geschenk gefaselt?
Ach so, ja. Aber stell dir vor, was passiert ist: Als ich meine Punsch- und Würstlrechnung beglichen hatte, waren meine Bargeldreserven erschöpft.
Und da bist du dann stehenden Fußes heimgetorkelt!
Stehenden Fußes nicht, sondern gehenden Fußes. Ich wollte so schnell wie möglich bei dir sein, um dich an meiner guten Laune teilhaben zu lassen.
Der Maßschneider hat wieder zu lallen angefangen. Während er sich, schwankend wie ein Rohr im Winde, seines Mantels entledigt, denkt er: Neugierig bin ich, ob sie mir morgen endlich Handschuhe mitgibt.

Herbert Schneider

Gelöscht!

Arg spät is's worn im »Greana Baam«.
De Wirtin raamt no d' Glasln zamm
und sagt: »I geh jetz in mei Bett,
weil's morgn früah glei weidageht,
a große Gsellschaft steht ins Haus,
da muass i wieder zeitig raus!«
Ganz hint am Stammtisch deans zu dritt
no wattn, und da Wirt spuit mit.
De Wirtin sagt: »Machts d' Liachter aus,
bevor ihr geht's zur Haustür naus!«
Des ham s' aa do, jedoch indessn
de Christbaamkerzn ganz vergessn.
Es hod an kloana Luftzug do,
scho brennt da Christbaam lichterloh!
De Kartnbrüada und da Wirt
ham darauf blitzschnell reagiert:
Sie ham ganz gschwind den größtn Hafn,
der do steht in der Küch am Ofn
in'n Saal neigschleppt und kurz entschlossn
mit Schwung über den Christbaam gossn.
Ruckzuck – scho war des Feuer aus,
dann endlich war a Ruah im Haus.
Am nächstn Dog zum Weihnachtsmahl
do gehn die Gäste nei in'n Saal.
Der war gar festlich dekoriert,
des hod der Gsellschaft imponiert.

Doch wie sie hi zum Christbaam schaun,
do kennas ihre Augn ned traun:
Mit Suppennudeln reich verziert
hod si der Baam jetz präsentiert,
von koida Fettn überzogn
ham se de Asterl obebogn,
d' Lamettafädn warn verschmort,
dafür hängan de Nudln dort,
und statt de Kugeln, 's war zum Woana,
bloß a paar oide Suppnboana!
Recht peinlich war's und außerdem
hod's aa koa Nudlsuppn gebn!

Cilly Kaletsch

So will's der Brauch!

Nun ist es also soweit. Der Sohn mit seinem gestrengen Festhalten an Traditionen ist aus dem Haus, und die Töchterlein fangen an zu tanzen. Um was es hier geht? Um einen wichtigen Brauch, herrührend aus den Kindertagen der Mutter: um Bratwürstl und Kartoffelsalat am Heiligen Abend nach der Bescherung.
Es hat ja so jede Familie ihre Heiligabend-Essenstradition. Da gibt es Karpfen, dort eine

Gans, dort eine Weihnachtssuppe, dort Würstl mit Kraut, hier – seit Jahrzehnten – Bratwürstl mit Kartoffelsalat.

»Mama, heuer, bitte, gibt's einmal Fondue! Wir mögen die ewigen Würstl nicht mehr. Es wird Zeit, kleine Änderungen einzuführen!«, meinen die lieben Töchterlein. – »Was?« – »Nein, versteh uns nicht falsch, du darfst alles tun wie bisher – mit deinen Platzerln geizen oder sie verschnürt zur Nachbarin tragen, du darfst den Baum allein schmücken und uns aus der Weihnachtsstube aussperren bis zur Bescherung – wie alle Jahre! Nur bitte, einmal keinen Kartoffelsalat mit Schweinsbratwürstln, gell? Wir machen auch die Soßen für das Fondue selbst. Einverstanden, Mama?«

Die seufzt und sagt ja und gesteht diese Ungeheuerlichkeit am nächsten Tag telefonisch ihrem Sohn. »Kaum, dass i weg bin ... Aber, Mama, dann gibt's die Würstl und den Kartoffelsalat halt am ersten Weihnachtsfeiertag, wenn ich komme, gell?«

Ingrid Hagspiel

Weißwürscht für den Frieden

Eine Umfrage – kein Tag ohne Umfrage! – hat die Umfragen der vergangenen Jahre bestätigt: In deutschen Familien werde am häufigsten und am heftigsten vor und an Weihnachten gestritten. Als ob es in der himmlischen Botschaft hieße: Und Streit den Menschen auf Erden! Der Maßschneider versteht diese Leute nun wirklich nicht! Sind die so gestresst und genervt von der Hektik der staaden Zeit – oder was oder wie? Er selber hat noch nie vor Weihnachten und schon gar nicht am Heiligen Abend dem Streithammeltum gefrönt, ja nicht einmal ein lautes Wort fallen lassen.
Obwohl, wenn er sich an den Heiligen Abend des vergangenen Jahres erinnert … – Aber da waren nun wirklich die anderen schuld, dass er explodiert ist! Nicht er, sondern sie hatten den Frieden auf Erden gefährdet – und zwar vorsätzlich!
Angefangen hatte es damit, dass er die Maßschneiderin fragte, ob sie schon die Weißwürste besorgt hätte. Was glauben Sie, lieber Leser, was darauf passiert ist? Ein eiskaltes »Naa« hat sie ihm um die Ohren geschlagen, und auf seine weitere Frage: Warum nacha net? hat sie boshaft lächelnd gemeint: Weil 's desmoi am Heiligen Abend koane Weißwürscht gibt, sondern eingelegte Matjesfilets mit Pellkartoffeln!

Da hat es dem Maßschneider erst einmal die Stimme verschlagen. Dann ist ihm die Galle hochgestiegen, und er hat in etwas schärferer Tonart (ein anderer hätte längst gebrüllt!) gesagt: Ja, spinnst? Bin ich ein Ostfriese oder bin ich ein Bayer? Und auch noch Pellkartoffeln! De kennts selber ... (der Maßschneider muss es leider zugeben, er hat weder essen noch verzehren gesagt).
Die hatten es also nicht einmal für nötig gehalten, ihn vorher in so einer entscheidenden Frage zu konsultieren! Schon als Bub hatte er am Heiligen Abend immer Weißwürste bekommen, und diese Tradition war unerbittlich durch all die Jahre fortgesetzt worden. Sollte er nun auf einmal Heringe schlingen? – Der Maßschneider muss einräumen, dass seine Stimme um einiges an Lautstärke zunahm. Augenblicklich, hat er seiner Tochter befohlen, rennst du zum Metzger Silbernagel hinüber und holst zwei Dutzend Weißwürscht, sonst zerhack ich den Christbaum, und d' Bescherung könnts euch an 'n Hut stecken! Und dass ma a süßer Senf im Haus is, und Brezn und a Weißbier! Ja, denen hat der Maßschneider Füße gemacht! Die Tochter ist losgerannt wie die Feuerwehr!
Aber was hat sie schließlich gebracht? Drei Polnische, weil die Weißwürste angeblich schon aus waren! Polnische! Der Maßschneider hat gewiss nichts gegen den Walesa und Genossen. Aber an Weihnachten will er seine bayerische National-

wurst haben, verstanden?! Vor lauter Wut hat er die wunderschöne rote Christbaumkugel, die er gerade christbaumaufputzend in der Hand hielt, zerdätscht und sich dabei dreißig bis vierzig winzig kleine Splitterchen eingezogen.

Was der Maßschneider darauf von sich gegeben hat, war von allerstärkstem Kaliber! In diesem zornerfüllten Augenblick hat sich die Familie samt Schwiegermutter um den tobenden Maßschneider versammelt und ist in herzhaftes Gelächter ausgebrochen.

Und die Maßschneiderin hat gesagt: Dua di nur net awi, Babba, du kriagst scho deine Weißwürscht und dein Senft und deine Brezn und dei Weißbier, des mit de Matjesfilets war ja bloß a Gschpaß. Mir ham nämle de Umfrage glesn, dass am Heiligen Abnd bei vui Leit auf Teife kimm raus gestrittn werd, und da wollt ma testn, wia's da bei dir ausschaugt.

Ja und? fragte der Maßschneider verdutzt.

Du hast den Test glänzend bestanden! jubelte die Familie.

Der Maßschneider hat ihnen inzwischen großmütig verziehen. Aber wie man mit einem so friedfertigen Menschen wie ihm derartig umspringen kann, das versteht er bis heute noch nicht!

Herbert Schneider

Schliffi und Schnurri

Liebes Christkind!

Im Fühling 1946 kamen die beiden Enten Schliffi und Schnurri zu uns.
Damit sie es gut haben, wurde im Garten ein kleiner Teich ausgebuddelt. Da planschten und quakten sie lustig herum. Es wurde Sommer und Herbst, und sie hatten ihr lustiges watschelndes Leben. Der Dezember aber deckte Eis über den Teich, und Schliffi und Schnurri mussten in ein Abteil im Hühnerstall.
Das Weihnachtsfest nahte und brachte am heiligen Christtag ein festliches Essen, wie es nach dem schlimmen Krieg noch nie dagewesen war. Die Knödel dampften in der Schüssel und auf der großen Fleischplatte duftete ein knuspriger Braten. Aber was war das? Da sind ja Haxln.
»Wer ist das?«, fragte ich voller Angst meine Mama.
»Oh Ingridl«, sagte sie, »nicht traurig sein. Das ist der Schliffi, der jetzt im Entenhimmel ist und sich freut, wenn er uns gut schmeckt.«
»Ja, aber wie soll er denn in den Himmel kommen, wenn sein Körper bei uns herunten ist?«
»In den Himmel kommt man nur als Seele«, sagte meine Mama.

Mir aber schmeckte er nicht. Der Hals und der Bauch waren ganz eng und drückten und meine Augen wurden nass.
Bitte, liebes Christkind, schau nach, ob er wirklich bei euch oben ist. Das würde mich trösten.
Aber den Schnurri lass ich vor dem Osterfest frei, denn da wollen sie bestimmt wieder einen guten Braten.

Pssst! – nichts sagen …
                         … deine *Ingrid Hagspiel*

Ente gut, alles gut!

»Also gut«, sagte Herr Federle, »dann gibt es eben einen Karpfen. Oder von mir aus Spaghetti.«
Luise hatte es wieder einmal geschafft.
Luise ist eine Ente und zwar eine Indische Laufente. Diese Enten sind so zierlich, dass niemand auf die Idee käme, sie zu schlachten und zu essen. Auch die Federles halten ihre fünf Laufenten nur, weil die im Garten Nacktschnecken und andere Schädlinge fressen. Von den fünf Enten ist Luise eindeutig die schusseligste. Ständig verläuft sie sich, verliert die anderen und vergisst, wo sie ihre Eier hingelegt hat. Im letzten Frühsommer aber entschloss sie sich, zu brüten. Sie baute im Stall ein Nest aus Stroh, legte – diesmal ganz gewissenhaft – ein Ei nach dem anderen hinein und setzte sich darauf. Die Federles freuten sich.
Achtundzwanzig Tage muss eine Ente brüten bis die Küken schlüpfen. Aber bei Luise schlüpfte nichts. Die Federles warteten noch zwei Tage, dann sahen sie sich das Nest genauer an. Sie stellten fest, dass Luise auf ungefähr dreißig Eiern saß. Das waren mindestens fünfzehn zu viele. Keine Ente – und schon gleich gar nicht die schmächtige Luise – kann so viele Eier auf Dauer warmhalten. Aber Luise dachte nicht daran, ihr Gelege zu verlassen. Sie fraß nicht mehr, sie trank nicht mehr,

und wenn Herr Federle sie nicht aus dem Stall getragen hätte, wäre sie auf ihren Eiern verhungert. Noch nicht einmal als sie draußen vor der verschlossenen Stalltür stand, wollte sie glauben, dass sie umsonst gebrütet hatte. Sie lief vor der Tür hin und her und quakte flehentlich. Sie wollte Junge!

Die Federles konnten es nicht mehr mit ansehen. Also fuhren sie zum Tiermarkt und kauften fünf Entenküken. Und weil sie zu Weihnachten immer Gänsebraten essen, brachten sie außerdem zwei Gänseküken mit. Herr Federle nahm Luise auf den Arm, während Frau Federle den Karton mit den sieben Kleinen in den Stall trug. Sie setzte sie ins Stroh, und ihr Mann ließ Luise herein.

Für Luise war von der ersten Sekunde an klar, dass das ihre Jungen waren, und die Jungen nahmen sie sogleich als Mutter an. Noch am selben Tag marschierte sie an der Spitze ihrer Schar durch den Garten, zeigte ihnen, wo der Teich ist und wo die verwelkten Blätter liegen, unter denen sich die dicken Schnecken verstecken.

Nach ungefähr zwei Wochen merkten die Federles, dass ihnen ein Fehler unterlaufen war. Sie hatten auf dem Tiermarkt die jüngsten Entenküken gekauft, die sie bekommen konnten – aber sie hatten nicht gefragt, um welche Enten es sich handelte. Nun stellte sich heraus, dass Luises Entenkinder ganz anders aussahen als ihre Mutter: Sie hatten weder den grazilen Körper noch den bemerkenswert aufrechten Gang der Laufenten; sie gehörten zu einer anderen Entenart. Luise störte das nicht, und es machte ihr auch nichts aus, dass zwei von ihren Kindern gleich gar keine Ähnlichkeit mit ihr selbst hatten. Nicht einmal als die beiden im Herbst mindestens fünfmal so viel wogen wie sie, brachte sie das aus der Ruhe. Doch dann kam der Winter. Eines Tages verzierten die Federles einen Baum in ihrem Garten mit Lichtern, und Herr Federle kam mit einem Karton, in den er die beiden Gänse steckte. Luise war außer sich. Sie lief um den Karton herum, sprang ihn an, flatterte auf ihn hinauf, fiel wieder herunter und quakte bei alledem herzzerreißend. Ihre Kinder! Ihre Kinder! Sie hörte ihr angstvolles Geschrei, sie wusste, dass sie zu ihr wollten – aber man nahm sie ihr weg! Sie biss Herrn Federle ins Hosenbein, sie schrie und fauchte und schlug wieder und wieder mit dem Schnabel an den Karton. Es geschah, was geschehen musste: Die Federles konnten es nicht mehr mit ansehen.

Wir wissen nicht, was bei Federles am Weihnachtsabend auf den Tisch kam. Luise aber saß im Stall, und um sie herum saßen ihre sieben Kinder. Alle hatten die Köpfe unter die Flügel gesteckt und schliefen friedlich dem nächsten Morgen entgegen.

Herbert Becker

Wünsch dir was

Die Tochter hat's Mama erzählt,
was ihr zu ihrem Glück noch fehlt:
Sie wünscht sich für den Weihnachtsabend
nur eins: Sie will ein Pony haben.

Die Mama sagt es dem Papa.
Der findet das recht sonderbar.
»Bisher gab's immer ein Raclette,
doch Abwechslung ist auch ganz nett!«

Seit Jahren gibt es nun bei Klose
zu Knödeln und zu guter Sauce
– bestimmt hast du es schon erraten –
knusprig-leck'ren Ponybraten!

Alexander Bálly

Ein ausgefallenes Weihnachtsmenü

Carla Rösler hatte beschlossen, heuer am Weihnachtsabend selber einzuladen. Sie war alleinstehend, hatte keine Familie und Freunde, die sie eingeladen hätten. Aber selbst ist die Frau! Ein paar Kolleginnen und Kollegen, die auch allein waren, sollten ihre Gäste sein.
Natürlich würde sie für ein kulinarisches »Highlight« sorgen! Dazu kaufte sie zwei Tage vor dem Fest zwei Kilogramm Rehragout, das sie zuerst in Rotwein marinierte, mit Wacholderbeeren, Pfefferkörnern und Lorbeerblättern. Das Rezept hatte sie von ihrem Großvater, der Jäger gewesen war. Einen Tag später ließ sie das Ragout stundenlang leise köcheln, bis es sämig und voller Geschmack war. Auch die Spätzle dazu bereitete sie schon zu, so würde sie am Heiligen Abend nicht mehr viel Mühe mit der Zubereitung haben – denn erfahrungsgemäß würde sie bis auf den letzten Drücker noch Überstunden machen müssen.
Ihre Zugehfrau Sagorka hatte sie gebeten, am Vormittag des 24. Dezember zu kommen, noch ein wenig aufzuräumen, den Tisch zu decken und vielleicht auch etwas weihnachtlich zu dekorieren. Die hilfsbereite Frau hatte tatsächlich zugesagt, wahrscheinlich versprach sie sich von diesem

Sonderdienst auch ein Kuvert mit ein wenig Weihnachtsgeld.
Das Ragout und die Spätzle standen nun also im Kühlschrank, unterstes Fach. Oben hatte Carla, wie sie das immer handhabte, für Sagorka eine kleine Brotzeit hergerichtet.
Als Carla nun, wie schon erwartet, knappe zwei Stunden vor ihrem Empfang nach Hause kam, besah sie sich im Wohnzimmer erst einmal das Arrangement, das Sagorka getroffen hatte. Es war wirklich hübsch dekoriert. Beruhigt ging Carla unter die Dusche.
Mit einem Handtuchturban und im Bademantel wollte sie anschließend in der Küche ihr Menü aus dem Kühlschrank holen, da stockte ihr der Atem! Der Schmortopf war nicht mehr da und auch die Pfanne mit den Spätzle fehlte! Dafür lag da ein handgeschriebener Zettel: »Liebe Frau Carla, beste Dank für die gute Essen, das Sie hergerichtet habe für mich. War viel zu viel, habe ich mitgenommen für meine Familie. Werden sich sehr freue! Ihnen schöne Weihnachten!«
Carla hockte sich vor die offene Kühlschranktür, ihr war so heiß geworden, dass sie die ausströmende Kälte gar nicht empfand. Was sollte sie jetzt tun? Womit ihre Gäste bewirten, die in einer knappen Stunde vor der Tür stehen würden, voller Vorfreude auf das angedeutete festliche Menü »nach einem alten Rezept meines Großvaters«.

Immerhin: Die drei Dosen mit der Hochzeitssuppe waren noch da. Suppe konnte es also erst einmal geben. Auch die sechs Schälchen fertiger Panna Cotta waren verschont geblieben. Das für Sagorka bestimmte Schinkenbrot fand sich ebenfalls, aber daraus konnte sie keine ausreichende Speisung für ihre Gäste zaubern.
Sie klappte ihr kleines Tiefkühlfach auf. Ein Würfel Spinat lag darin, ein Paar Würstchen und ein paar Scheiben Bauernbrot, gefroren. Auch keine Alternative. Was hatte sie denn noch zum Anbieten? Ein paar Ein-Portion-Dosen mit Ravioli, Linsen oder Bohnengemüse ergaben auch kein Festmenü. Eier! Eier waren genügend da! Sollte sie Rühreier mit Schinken machen, mit dem Schinken von Sagorkas Brot? Aber ihr Pfanne, die groß genug dafür gewesen wäre, war ja auch außer Haus. Russische Eier, fiel ihr dann ein. Dafür würden die neun Stück reichen, die sie hatte, die ergaben achtzehn Hälften, also bekam jeder drei halbe. Etwas für den hohlen Zahn, aber besser als nichts. Also machte sie sich schleunigst an die Arbeit, kochte die Eier, schälte, halbierte und füllte sie. Eigentlich hätten jetzt ein paar Körnchen Kaviar darauf gehört, aber sie hatte keinen da. Ein Tupfer Mayonnaise aus der Tube und darauf eine halbe Olive mussten es auch tun. Zum Glück hatte sie für eine kleine Käseplatte gesorgt, die hatte sie am späteren Abend noch ser-

vieren wollen, falls sich bei irgendjemand ein kleiner Hunger meldete. Als Getränk hatte sie zwei Flaschen guten Rotwein besorgt, der musste noch dekantiert werden. Aber passte der zu der Eierplatte? Weißwein wäre da sicher besser. Irgendwo musste noch eine Literflasche herumstehen, die ihr einmal jemand geschenkt hatte. Sie fand sie und stellte sie in den Kühlschrank, über seine Qualität musste man wohl schweigend Wohlwollen breiten. Auch zwei Flaschen Sekt waren da, Orangensaft und Mineralwasser. Bier hatte sie keines und wo sollte sie jetzt noch etwas besorgen? Die Geschäfte waren längst geschlossen. Egal. Es musste einfach so gehen. Jetzt noch schnell ins Kleid, zum Haare föhnen war keine Zeit mehr, denn es läutete bereits an ihrer Wohnungstür. Die Blamage konnte ihren Lauf nehmen …
Willy Vogelsang, der Buchhalter, stand draußen, zusammen mit ihrer Assistentin Daniela Glasl. Nanu, die beiden kamen miteinander und waren offenbar recht vertraut. Willy hatte eine Tiefkühltasche dabei und meinte verlegen: »I hab mir zwoa Flaschl Bier mitbracht, des is hoit mei Lieblingsgetränk und passt fia mi überoi dazua.«
Carla nickte nur. Daniela überreichte ihr ein Blumentöpfchen mit einem Glückskleepflänzchen. »Wir sollten zwar nichts mitbringen, aber ein bisserl Glück kann doch nie schaden!«
Das hätte ich heute sehr gut brauchen können,

das bisserl Glück, dachte Carla und nahm das Töpfchen entgegen. Das konnte man zur Tischdekoration stellen. Der Lektor und der Chef der Setzerei kamen ebenfalls gemeinsam, als letzte traf die Vertriebsleiterin ein. Man begrüßte sich, stand ein wenig herum, bis Carla zum Platznehmen bat. Sie hatte ein wenig Weißwein eingeschenkt, zum Willkommen und zum Anstoßen. Dabei sagte die Vertriebsleiterin ein: »Ich bin die Eva und würde sagen, heute reden wir uns alle mit dem Vornamen an.«

Dann trug Carla die Suppe auf, die sie bereits in Schälchen verteilt hatte. Man löffelte still, war schnell damit fertig und wartete jetzt gespannt, was der geheimnisvoll angekündigte Hauptgang sein würde. Doch dann erhob sich Carla, hielt ihren Löffel wie ein Mikrofon vor den Mund und erzählte ihr Missgeschick mit dem abhanden gekommenen, also ausgefallenen Menü. Die Gäste machten gute Miene und ließen sich ihre Enttäuschung nicht so direkt anmerken.

Dann kam die Eierplatte mit Pumpernickelrädchen, die Käseplatte und ein Schälchen mit Entenleberpastete, das Carla noch im hintersten Eck des Kühlschranks gefunden hatte. Dabei wurde dem feinen Rotwein zugesprochen, egal, ob er nun passte oder nicht. Es wurde nun doch eine fröhliche Runde, besonders, weil man sich duzte, was die Stimmung gelockert hatte.

Später gab es noch die Nachspeise, die Schälchen mit der Panna Cotta. »So, und jetzt bitte noch einen Kaffee«, bat Eva und holte eine Dose mit selbstgebackenen Plätzchen aus ihrer großen Tasche. »Kein Mitbringsel«, sagte sie, »nur eine Ergänzung zum Kaffee.«
Kurz nach Mitternacht wollten alle aufbrechen. »Jetzt ziehen wir singend durchs Treppenhaus, damit die Nachbarn auch was von der stillen Nacht haben«, meinte Toni, der Lektor. Auf den erschrockenen Blick von Carla hin beschwichtigte er: »Nur ein Weihnachtslied natürlich! Schad, dass wir heute nicht tanzen konnten, aber im Radio gibt es bestimmt keine flotte Musik.«
»An Silvester kommt ihr alle zu mir«, bestimmte Eva. »Ich räum die Diele zum Tanzen aus. Carla bringt ihren Schmortopf mit dem Ragout nach Opas Rezept ...« – »... und i mach de Spätzle dazua, handgschabt. Hab i von meiner Mutter glernt, i bin ja a Allgäuer!«, setzte Willi hinzu.
Dann zogen die fünf wirklich singend durchs Treppenhaus, hintereinander wie bei einer Polonaise. Hin und wieder wurde eine Wohnungstür geöffnet, aber keiner schimpfte oder war empört, alle lächelten dem Zug zu und sangen vielleicht sogar mit: »O du fröhliche ...«

Monika Pauderer

Weihnachtsabend – einmal ganz anders

»An Weihnachten warn doch eigentli no nia Fremde bei uns«, sagte mein Großvater, als wir ihm einen diesbezüglichen Wunsch unserer Berliner Sommergäste übermittelten. »Meinetwegn«, lenkte er ein, »sie san ja doch recht nett.«
Diese Nettigkeit hat dann unseren – alle die Jahre vorher so trauten, heimeligen – Heiligabend lautfröhlich beschlagnahmt. »Es ist ein Ros entsprungen« und »Ihr Hirten erwacht« konnten wir gerade noch singen und ein wenig den schimmernden Kerzenlichtern im Tannengeäst nachträumen, als unsere lieben Gäste einen Plattenspieler auspackten und lateinamerikanische Tänze auflegten. »Olé«, riefen sie fröhlich und holten mich zum Tanz, wo ich doch gerade meine Nase in das alte Kripperlmoos stecken wollte, weil es so gut nach Weihnachten roch.
»Rumba olé!« – »Naa, i ned!«, winkte der Großvater die Tanz-Aufforderung ab und ließ sich im Lehnstuhl unter den Christbaum schieben, wo eine herrliche alte silberne Kugel auf seinem spärlichen Haupthaar zersplatzte. »Kannst du dich noch an unsere Tanzabende im Berliner Club erinnern, kleines Fräulein?« Und ob ich das konnte. Aber da war es Sommer, lauter sonniger

lärmender Sommer. Heute war Weihnachten – stilles, lauschiges Weihnachten. Wo war es nur?
In der Küche dampfte schon der Weihnachtspunsch und waberte würzig in die Stube herein. Davon scheinbar unberührt packten die lieben Nordlichter die mitgebrachten Sektflaschen aus. Klingklang klirrten die kalten Gläser und vertrieben die feinen warmen Punschgeschwader.
»Oh du fröhliche, oh du selige …«, sang es aus dem Radio. »Tango, Tango«, schluchzte die zweite Seite der Schallplatte, wozu unsere Freunde lehrmeisterlich ihre Tanzkünste vorführten.
Nachdem sie auch vielerlei köstlich-exotische Häppchen kühlgestellt hatten, meinte mein Mütterlein, dass der Kartoffelsalat und die Würstl jetzt nicht mehr recht passen würden. »Dee ess ma dann morgn«, sagte sie kleinlaut und stellte den großen Topf hinaus in den Garten.
Da schneite es. Sacht und leise tanzten die Schneeflöckchen ihren Weihnachtstraum.
»Mei«, sprach der Großvater, als die Gäste wieder abgereist waren. »Sie redn hoit a bissl vui, aber sie san ned unguat.«
Wenn heute das Wörtchen Toleranz fällt, denke ich an ihn.

Ingrid Hagspiel

Dunkelbier an Schweinsbraten

Alles ist wohl nur deswegen so ausgeufert, weil Anna und Dieter diese lange Diskussion wegen des Weihnachtsessens hatten, deren Ziel war: Einer von ihnen muss kochen – und es war Anna von vorneherein klar, dass es diesmal Dieter sein musste. Er ist Spezialist … ausschließlich für Schweinsbraten mit Dunkelbiersoße.
»Abgemacht«, sagt Dieter zu guter Letzt ergeben, »ich brate meinen Schweinsbraten und mache eine Dunkelbiersoße dazu. Es gibt Reiberknödel und Salat. Nachspeise keine. Mein Freund Anton wird mir zur Seite stehen. Fahr bitte mit den Kindern zu deinen Eltern, bis alle um sechs Uhr abends zu uns kommen.«
Anton ist Bierbrauer der neuen Generation und Dieters bester Freund. Als »Chefkoch« hatte der bereits genügend Dunkelbier für seine Soße eingekauft. Es war also nicht abgemacht, dass Anton an jenem denkwürdigen Tag sein höchstselbst gebrautes Bier mitbringt, vergoren mit Früchten wie Zwetschge, Himbeere, Mango und Apfel oder Kokos und Ingwer – völlig neue Bieraromen also.
»Diese Biere könnten wir doch in deiner Soße ausprobieren«, meint er lässig.
»Bier mit vergorenen Früchten … vergorenen Früchten wie in diesen Fernsehsendungen, wo

Tiere nach dem Fruchtgenuss total betrunken werden, weil da Alkohol drin ist?«, fragt Dieter misstrauisch.
Anton grinst und beschwichtigt: »Was glaubst du denn schon wieder? In deiner Soße verdampft der Alkohol – und sie kriegt mal ein anderes Aroma. Zuvor könnten wir noch eine Liste machen, welches Fruchtbier unser Favorit ist …«
Die zwanzig Dunkelbierfruchtflaschen sind schnell geöffnet und die Männer beginnen eine ausgiebige Verkostung des Inhalts: Sie schnuppern die Aromen, probieren einen großen Schluck, geben ihre Meinung kund, schreiben sie auf und leeren ihre Gläser anschließend in einem Zug.
»Das letzte Drittel der Flasche können wir dann immer für die Soße verwenden«, meint Dieter genießerisch, »ich geh schon mal in die Küche und richte den Braten.«
Er würzt das Bioschweinefleisch, schneidet großzügige Zwiebelspalten und Wurzelgemüsestücke, gießt üppig Öl in die größte seiner Bratreinen und der Braten beginnt zu schmoren.
»Ich finde, wir sollten auch gleich die Knödel vorbereiten«, kommandiert der Küchenchef nun beschwingt, und flugs haben die Männer Knödel gedreht und bereitgestellt für später.
»Der Salat ist das letzte«, meint Dieter, »ich bräuchte ihn ja nicht, aber die Frauen sind immer ganz wild auf Grünzeug. So, alles erledigt. Lass

uns weitermachen mit den Bieren«, sagt er dann und läuft ins Wohnzimmer.
Da klingt schon Weihnachtsmusik aus dem Radio, sie singen zu zweit »Alle Jahre wieder ...« und vervollständigen ihre Trinkliste.
»Ich mag sie alle«, erklärt Dieter seinem Freund eine halbe Stunde später ziemlich leutselig, »aber dem Mangobier gebe ich eindeutig den Vorzug vor allen anderen. Du, ich glaube, ich muss den Braten ablöschen, riechst du nichts?!«
Und tatsächlich, ein fast schon brenzliger Geruch dringt scharf aus der Küche. Höchste Eisenbahn für den Einsatz der Fruchtbiere!
»Mango, Kokos, Orange, Aprikose, Birne oder Kirsch?«, fragt Dieter und reißt beim Aufstehen einen Stuhl um.
»Alle!«, ruft Anton, klemmt sich eilig die Flaschen unter den Arm und folgt seinem Freund mit leichtem Seegang in die Küche. Dort reißen sie das Bratrohr auf und wie perfekte Feuerwehrmänner löschen sie den Schmorbrand des Schweinsbratens mit dem Bier ab.
»Das war knapp!«, schnauft Dieter, während Mango-, Kokos-, Orangen-, Aprikosen-, Birnen- und Kirscharomen durch die Wohnung ziehen. Der gerettete Schweinsbraten schwimmt in schwarzbrauner Dunkelbierfruchtsoße.
Danach probieren sie weiter und schreiben ihre Favoriten in die Liste: Kurkuma und Ingwer ste-

hen in ihrer Gunst weit unten, Spitzenreiter sind nach wie vor Mango und Kokos. Deswegen entschließt sich Dieter, die weniger beliebten Sorten über den zerzupften Salat zu gießen.
»Hast du ihn denn gewaschen, deinen Salat?«, fragt Anton, seine Sprache klingt etwas undeutlich, weil er gerade ein neues Bier schlürft.
»Klar«, sagt Dieter mit einem seligen Grinsen, »ich habe ihn gewaschen, wahrscheinlich am Vormittag. Jetzt ist er längst sauber, er will auch etwas trinken. Ich schlage vor, wir legen die Knödel ins Salzwasser, es ist schon nach fünf Uhr, dann haben wir keine Arbeit mehr, bis die Gäste kommen.«
Und so geschieht es. Sie helfen zusammen, es geht etwas zäh, aber dann liegt der Braten schwarz angeschmort in einem See dunkler Alkoholsoße, die Knödel schwimmen im Salzwasser und der Salat döst betrunken in seinem Fruchtbierdressing vor sich hin.
»Jetzt haben wir endlos Zeit, bis alle kommen«, meint Dieter, er trinkt gerade Himbeerfruchtbier.
»Du hast mir mit deiner Meinung sehr geholfen, das ist alles sehr nützlich für meine weiteren Kundenbefragungen«, erklärt Anton.
Sie haben beide einen gehörigen Schwips, Dieter sieht das auch ganz klar und meint mit schwerer Zunge: »Ich glaube, wir sind betrunken – wie viel Bier haben wir denn schon intus? Soll ich vielleicht einen Kaffee machen?«

Anton winkt ab: »Wir haben sechzehn Biere probiert. Und was machen wir jetzt mit dem Rest?«
»Immer hinein in den Braten, es wird ihm nicht schaden, da verdampft ja auch viel«, entscheidet Dieter, schreitet zur Tat und leert die letzten Bierflaschen in die Soße.
Es ist sechs Uhr. Anna ruft an und fragt: »Wie geht's euch?«
»Uns geht's prima«, versichert Dieter.
»Wirklich? Das hört sich so undeutlich an!«
»Wir sind gut in Form«, ruft Anton aus dem Hintergrund, »wir haben eine herrliche Soße erfunden, eine ganz herrliche!« Er lacht.
»Sie kommen alle später«, erklärt Dieter, »sie haben einen Stau. Macht nichts.«
Die Freunde setzen sich ans Fenster und schauen den Schneeflocken beim Fallen zu.
»Ich fall auch gleich«, murmelt Dieter, »ich glaube, das war zuviel, ich bin so müde. Bis alle kommen, leg ich mich hin.« Und er zieht sich gemächlich aufs Sofa zurück. »Geh du doch mal in die Küche und schau nach«, murmelt er noch, dann legt er sich gemütlich zurecht und beginnt zu dösen.
Anton befolgt die Aufforderung, guckt in die Reine, haut die Herdtüre zu, tänzelt ins Wohnzimmer, zieht sich Socken und Pullover aus und legt sich dann vorsichtig in den wippenden Fernsehstuhl. Langsam kehrt Ruhe ein ...
Die beiden Schläfer hören nicht, wie die Gäste

endlich ankommen, sie hören sie erst, als Anna ruft: »Wie riecht es denn da? Was ist denn passiert? Wo seid ihr?«
Da schrauben sie sich beide mühsam in die Höhe, begrüßen schlaftrunken die Gäste und bemühen sich um Normalität.
Anna aber ist angesichts der herumstehenden Bierflaschen über alles im Bilde und ihre fragenden Blicke gelten ihrem Ehemann. Als sie einen weiteren Blick in die Bratröhre wirft, ruft sie: »Ja, wie schaut jetzt dieser Schweinsbraten aus?«
Leider kann sie ihre beste Freundin Sophie-Marie nicht davon abhalten, auch in die Küche zu kommen. Die meint dann zuckersüß: »Komm, lass dir mal helfen. Wir holen den Braten heraus, gießen die Soße in die Schüssel, nehmen die Beilage heraus und bringen das Grün zu Tisch. Das haben die beiden Männer doch schön gemacht, oder? Das ist also Dunkelbiersoße an Schweinebraten mit Matschknödel … oder irre ich mich? Und Salat, glaube ich. Oder ist das etwas anderes? Ich wünsche dir fröhliche Weihnachten, meine Liebe!«
Ja, fröhliche Weihnachten!
Die beiden Söhne betrachten neugierig ihren Vater und dessen Freund, wie sie da locker in den Stühlen hängen, aber sehr fröhlich sind.
Aber gleich reißen sich Dieter und Anton zusammen. Sie machen die Ober, sie halten sich sehr gerade beim Servieren, haben jeder ein weißes

Tuch über dem Arm und verteilen mit Grandezza die verkochten Knödel, reichen die schwarzdunklen Fleischstücke zum verwelkten Biersalat und kredenzen als Krönung die schwarze Dunkelbierfruchtsoße mit der Bemerkung: »Die müsst ihr mit Andacht genießen, die ist was ganz besonderes, sie besitzt ein köstliches Aroma, besteht aus mindestens zehn Fruchtbieren oder mehr und kriegt von uns den 1. Preis in der Verkostung!«

Da lachen die Gäste, denn die beiden sind mit ihrer guten Laune ansteckend, die Kinder dürfen kleckern, sie schreien: »Matschknödel! Matschknödel!«, und essen die schwabbeligen Fragmente gleich mit dem Löffel. Auch sie probieren die Soße, die so seltsam schmeckt, aber irgendwie fröhlich macht.

Ja, und dann fragt doch Sophie-Marie tatsächlich: »Also das hier ist alles so besonders köstlich – könnte ich mal das Rezept für dieses aparte Festessen von euch kriegen? Vor allem von dieser herrlichen Soße!«

Ab diesem Zeitpunkt dann muss Anna viel von Dieters fruchtlosem Dunkelbier trinken, um ihren Groll gegen Sophie-Marie hinunterzuspülen und gute Miene zu machen zu dem »aparten« Schweinsbraten an Fruchtdunkelbiersoße.

Vivi Heider

Weihnachtsgans modern

A Weihnachtsgans, knusprig, a sämige Soss
und handgriebne Knödl – des schmeckt hoid
                                nach wos!
Mit Fleischbrüah warm ogmacht: Kartoffisalat.
As Blaukraut mit Eibrenn – die Küch war
                                auf Draht!

Doch leider, im Zeichen der »neien Cousine«,
kummt's bloß no auf d' Nährstoff o, auf
                                d' Vitamine.
Fast roh san die Ruam, da Salat und as Kraut.
Da gfreit si da Magn, wenn a des oiss verdaut ...
As strohtrockne Ganserl mit Bleamin verziert –
die wern, hoaßt's jetz neierdings, mitschnabuliert.
Als waar's was Abstrakts, so serviert ma des oiss.
Des is nimmer witzig, Mann, des is scho Beuys!

Wenn i so an Teller siech, denk i: Woaßt was –
i hab hoid koan Kuahmagn; i bin aa koa Has.
Für mi is as Essen aa Spaß und Genuss.
Und wenn i ins Gras beiß – dann erscht ganz
                                zum Schluss!

Franz Freisleder

Man muss sich nur zu helfen wissen

Bei uns gibts am erstn Feierdog oiwei a Gans. Mei Mo, der sonst mi'm Kochn nix am Huat hod, führt beim Gans bratn 's Regiment. Es is fast a rituelle Handlung, wenn er am Heilign Abnd, bevor mir ins Bett gehn, Wacholderbeern zerstesst, auf an Brettl mit Salz und Pfeffer vermischt und de Gans damit eireibt.
Genauso war's aa an dem Dog.
Um achte in da Früah hamma de Gans ins Rohr gschobn, denn so a großer Vogl braucht scho an de vier Stund zum Bratn. Nach a guadn Stund is mir aufgfalln, dass des Viech scho ganz braun, ja fast dunkelbraun herschaugt – des dauert doch sonst vui länger! I hab gmoant, dass vielleicht mit'm Thermostat was ned stimmt und hob mein Mo alarmiert.
Na hob i in da Stubn an Tisch deckt und er hod in da Küch rumort. Auf amoi hör i eahm gottserbärmlich schimpfa und flucha. Vielleicht hob i mi täuscht, aber mia is's vorkemma, ois daad se 's Christkindl in da Krippn d' Ohrn zuahoitn. Mei Mo kimmt rüber in d' Stubn und schreit: »Oiss is hi – i hob de Gans zuckert!«
I renn in d Küch – und pfeilgrod: Do liegt a knusprig braune Gans in a dunkelbrauna Soss

im Rohr – und de hod pappig süaß und greißlich gschmeckt!

Um Gods wuin – wos dean ma jetz? In zwoa Stund kimmt de ganz Familie zum Festessn! Mir is ganz schlecht worn, drum hamma uns zerst amoi an Schnaps eigschenkt.

Dann hob i d' Regie übernomma. De halbfertige Gans hob i in a warms Wasser glegt. (Des hätt se der Vogn aa ned draama lassn, dass er in dem Zuastand no amoi schwimma derf!) Wia de pappige Schicht weg war, hob i de Gans (desmoi mit Salz) nomoi kräftig gwürzt und weiterbratn. An da Soss hob i mit a paar Tricks rumzaubert, und der karamellisierte Fond hod si ganz guad damit vertragn.

Um zwölfe san unsre Kinder und Enkel zum Essn kemma. Grad gschmeckt hod's eahna, und da oane Schwiegersohn hod gmoant, des waar de knusprigste Gans gwesn, de er jemois gessn hod. Mei Mo und i, mia ham uns bloß ogschaugt und nix gsagt. Aber mein Mo, der a gstandns Mannsbuid is, nenn i seitdem manchmoi »Sugarbaby«.

Cilly Kaletsch

Das perfekte (Weihnachts-)Dinner

Am ersten Weihnachtsfeiertag hat sich bei Familie Leuter hoher Besuch angesagt. Obwohl – »hoher Besuch« ist nicht der richtige Ausdruck, »heiß ersehnter Besuch« trifft die Sache wohl eher. Doch diejenige, die den Besuch besonders herbeisehnt, macht einen Aufstand, als würde zumindest der Bundespräsident erwartet. Nun ja, wenn der Bräutigam in spe den Antrittsbesuch bei den Schwiegereltern in spe abstattet, dann ist das keine simple Angelegenheit, sondern fast ein Staatsakt. Zumindest in den Augen der jungen Frau, um die es geht.

Wochenlang schon hat sie mit der Mutter die Menüfolge an diesem bedeutungsvollen Tag durchgekaut, bis die Mutter schließlich entnervt bestimmt hat: »Es gibt einen Gansbraten, wie immer. Aus, Äpfe, Amen. Eine gute Pfannkuchensuppe davor und danach eine Bayrischcreme. So einen französischen Schnickschnack, wie du da haben willst, kannst ihm dann selber kochen.« Dabei muss sie ein bisschen in sich hineinlachen, denn die große Tocher ist eher die theoretische Köchin, die zwar begeistert sämtliche Kochshows im Fernsehen anschaut, selber aber kaum ein Ei aufschlagen kann.

Nun muss noch der Vater instruiert werden, welche Getränke er zu besorgen und wie er das Tranchieren des Bratens zu zelebrieren hat. Und der vorlauten kleinen Schwester wird ein Kinobesuch in Aussicht gestellt mit Popcorn und allem anderen Trallala, wenn sie in Anwesenheit des künftigen Schwagers den Mund hält.

Dann ist der große Tag da. Johanna, die ältere Tochter, bringt Stunden damit zu, den Tisch im Esszimmer aufs Herrlichste einzudecken, sie nimmt sogar ein Lineal zu Hilfe, um Besteck und Gläser und Serviette an jedem Platz in genau demselben Abstand hinzulegen. Das hat sie dem Butler eines englischen Herrenhauses in einer Fernsehserie abgeschaut. Die kleine Schwester wird einer aufmerksamen Inspektion unterzogen, ob sie auch dem feierlichen Anlass entsprechend angezogen und ordentlich gekämmt ist – und im letzten Moment, als es schon an der Haustür klingelt, hetzt Johanna noch in die Küche, um der Mutter die Kochschürze wegzureißen.

Der geneigte Leser kann sich gewiss vorstellen, wie steif der Besuch vonstatten geht. Nach der Begrüßungsrunde mit artigem Händeschütteln sitzen alle am Tisch und widmen sich der Suppe. Ein Glück, dass man mit vollem Mund nicht sprechen darf, so kommt keiner in die Verlegenheit, ein passendes Gesprächsthema finden zu müssen. Nur das Klappern der Löffel hört man und einmal ein leises Schlürfgeräusch, als Sophie einen Pfannkuchenbandwurm von ihrem Löffel einsaugt. Von einem drohenden Blick der großen Schwester zur Raison gebracht, bleibt das aber ein einmaliger Ausrutscher. Auch der Gast scheint angesichts der hochherrschaftlichen Pracht auf dem Tisch eher eingeschüchtert und nicht zum Reden aufgelegt. Das kann ja heiter werden, denkt der Leutervater und schaut über den Tisch weg seine Frau an, die als Antwort gottergeben ihre Augen gen Himmel verdreht.

Nun also werden die Schüsseln mit dem Blaukraut und den Knödeln aufgetragen, die Sauciere und endlich die Krönung des Mahls, der wunderbare Gänsebraten. Er wird vor den Vater hingestellt, der nun aufsteht, um seines verantwortungsvollen Amtes zu walten. Er setzt das große Tranchiermesser an – doch leider hat keiner daran gedacht, das Schneidegerät über den Wetzstein zu ziehen. Der Vater drückt also heftig auf das Brustbein der Gans, die Gans wehrt sich und ergreift zu guter Letzt die Flucht: Auf ihrem eigenen Fett schlittert sie von der Porzellanplatte – schlittert quer über den Tisch, räumt dabei ein paar Weingläser zur Seite – schlittert über die Tischkante und in den seidenen Schoß der zur Salzsäule erstarrten Mutter. Die legt dann aber doch schnell die Arme um das Vieh – aua, heiß –, um es vor dem endgültigen Absturz zu bewahren.

Während ihre Familie einschließlich des Gastes angesichts dieses ungewöhnlichen Bildes wie ein aufgeschreckter Hühnerhaufen in hysterisches Gegackere ausbricht, schürzt die Leutermutter würdevoll ihr Kleid und trägt den Braten darin zurück in die Küche. Dort wird er dann von den beiden Männern in Teamarbeit und ohne jedes Zeremoniell zerlegt. Die Mutter zieht ein frisches Kleid an und Johanna deckt mit Servietten die Schlitterbahn der Gans und die Rotweinflecken ab.
Als sich dann alle wieder um den Tisch versammelt haben, muss das gerade Erlebte gründlich durchgekaut werden. Das Eis ist gebrochen, denn gemeinsam durchgestandene Katastrophen verbinden ungemein. Und wenn das Gespräch zwischendurch in ernstere Fahrwasser abzuschwenken droht, muss Sophie nur lautmalerisch – zonk, tzsch, schepper, plonk – die Flucht der Gans wiederbeleben, und die ganze Tischrunde verwandelt sich aufs Neue in hilflos gackerndes Federvieh.

Astrid Schäfer

Umtausch einer Weihnachtsgans

Vorgestern hab ich wieder einmal eine scharfe Auseinandersetzung gehabt, und zwar mit dem Leiter des Supermarktes, in dem meine Frau für gewöhnlich einkauft. Vielleicht kennen Sie ihn auch. Er trägt einen blütenweißen Mantel wie ein Arzt, aus dem aber kein Stethoskop herausschaut wie beim Dr. Heilmann im Fernsehen, sondern ein Smartphone. Er macht durchaus den Eindruck eines seriösen, höflichen, gebildeten Menschen. Doch das täuscht. Als ich ihm erklärte, dass ich hier sei, um unsere Weihnachtsgans umzutauschen, wurde er sofort zynisch, grob und beleidigend.

Ich würde mich nicht beklagen, wenn ich den Kassenzettel nicht bei mir gehabt hätte. Natürlich stand vor oder hinter dem Betrag von 49,40 Euro nicht »polnische Mastgans«, aber ist das unser Fehler? Wenn er schon so ein Klugscheißer ist, dann wird er doch wohl noch wissen, dass seine Weihnachtsgänse alle um diesen Preis herum verkauft worden sind.

Wie gesagt, ich zeigte ihm den Zettel, aus dessen langen Zahlenreihen er ja auch, bei einigem Verstand, erkennen hätte müssen, dass wir nicht die schlechtesten Kunden sind. Aber nein, ihm genügte das nicht. Er flüchtete sich in die faden-

scheinige Ausrede: »Nahrungsmittel sind vom Umtausch grundsätzlich ausgeschlossen!«
»So«, sagte ich, »sind grundsätzlich ausgeschlossen. Auch wenn sie total vergammelt sind?«
»Wir führen keine vergammelten Waren«, antwortete er, »und schon gar nicht vergammelte Gänse. Außerdem: Warum kommen Sie erst jetzt mit Ihrer Beschwerde? Acht Tage nach dem Einkauf? Aber damit Sie unseren guten Willen sehen: Zeigen Sie mir die Gans, die Sie umtauschen möchten, packen Sie sie endlich aus, und dann sehen wir sie uns gemeinsam an und reden darüber.«
Das war denn doch die Höhe! Ich sagte: »Für wie dumm halten Sie uns eigentlich? Die Gans haben wir natürlich zu Weihnachten gegessen! Als was glauben Sie denn, dass wir sie gekauft haben? Etwa als Osterlamm?«
Daraufhin wurde dieser Mensch zynisch. »Sie wollen also etwas umtauschen, das Sie gar nicht mehr besitzen? Wie wollen Sie überhaupt beweisen, dass die Gans nicht in Ordnung war?«
»Weil uns danach schlecht geworden ist«, sagte ich. »Speiübel war uns! Meine Frau hatte Magendrücken und Bauchgrimmen, wie wenn sie Pflastersteine gegessen hätte, und mich brannte der Sod zum Erbarmen, obwohl ich schon vorsorglich sechs Kartoffelknödel gegessen hab, um der fetten Soße überhaupt Herr zu werden!«

Trotz dieser schwerwiegenden Anschuldigung brach der impertinente Bursche von Geschäftsführer in ein rohes Lachen aus.

Da reichte es mir. »Seien Sie endlich still!«, rief ich zornentbrannt. »Anstatt dass Sie froh wären, dass ich nicht auch meine Hose noch bei Ihnen umtausche und meine Frau ihre Kleider und Röcke!«

Endlich zeigte er etwas Wirkung. »Warum das? Wir führen ja gar keine Bekleidung«, sagte er ein wenig ängstlich.

»Mir vollkommen gleich«, rief ich. »Da, schauen Sie her, diese Hose, viel zu eng ist sie mir geworden! Sechs Pfund zugenommen über die Feiertage! Und nicht nur Ihre verdammte Weihnachtsgans ist schuld daran, auch Ihre viel zu süßen Plätzchen, Ihr viel zu schwerer Weihnachtsstollen, Ihre viel zu fetten Würste und Wammerl! Wenn ich daran denke, was Sie uns angetan haben, glatt umbringen könnte ich Sie!«

Es hätte nicht viel gefehlt, und ich hätte ihn am Schlafittchen gepackt. Zum Glück fiel mein Blick in diesem Augenblick auf die Gefriertruhe, in der ich einige übriggebliebene Weihnachtsgänse ausmachte. Ich packte eine davon, schwang sie drohend durch die Luft und sagte so scharf ich konnte: »Was ist jetzt, wollen Sie nun umtauschen oder nicht?«

»Also gut«, sagte er eingeschüchtert, »damit Sie meinen guten Willen sehen: Ich verkaufe Ihnen

diese drei restlichen Weihnachtsgänse um den Preis von zweien. Dann ist die dritte praktisch so gut wie umgetauscht!«
»Warum denn nicht gleich so?«, fragte ich. Ja, bei diesen Geschäftsleuten, nur nicht gleich aufgeben, nur nicht klein beigeben darf man! Sonst ist man verkauft und verraten!
Als strahlender Superstar, mit drei Supergänsen unterm Arm, verließ ich den Supermarkt. Und fünf große Pakete Kartoffelknödel schleppte ich auch noch mit mir. Ebenfalls zum Sonderpreis. Diesen Supermärkten werde ich's schon noch zeigen!

Herbert Schneider

Mid de guadn Vorsätz

Näxds Johr, hob i gsagd, näxds Johr wern koane Platzal bacha. Oda jednfois fast koane. Weil des werd oiß vui zvui übatriem. Zu wos brauchan mia siemazwanzg Sortn Platzal, bloß weil d Schwägerin dreiazwanzg Sortn bacht, wo mia früahra oiwei guad mid unsare achtzehn Sortn auskema san. Is ja ned, dass i d Schwägerin unbedingd übatreffa wui, weil nämle dera ihre dreiazwanzg Sortn a so ned wirkle stimman, weil de rechnad des oiwei ois lauta verschiedene Sortn, wenns as bloß andaschd oschdreicht. Dawei merkt do des a jeda glei, dass des oa und dasejbe Buttaplatzaldoag is. Oiso ehrle muaß ma do scho bleim. Des is do nacha scho a Untaschied, wenn i Nussmakrona und Mandlmakrona und Dattlmakrona und Haferflocknmakrona und Wejschnussmakrona mach, daad i moana, oda? Aba sie, sie kennt des ja gor ned ausananda. Wiasd as nur machsd, deine Makrona schmeckan oi Johr gleich, hod sie gsagd und recht süaß gschaugd. Sowos Scheinheiligs, sowos!

Näxds Johr nimma! Weil siemazwanzg Sortn saan einfach zvui. Ma kon ja aa ned mid so ana kloana Menge ofanga. Und wensd rechnesd, dass d jede Sortn wenigsdns vo zwoa Pfund Mej machsd, und wennsd de andan Zutatn no rechnesd, na kimsd leicht auf an Zentna Platzal, und dees is zvui. s ganz Johr dean mia Kalorien zejn und gsund leem, und z Weihnachtn dean ma nacha an Zentna Platzal essn, bloß wega da Schwägarin ihre dreiazwanzg Sortn.

Näxds Johr mach i des nimma mid, grod mid Fleiß! Do werd sa se nämle schee giftn, wenn i sog, i hob heia bloß drei Sortn bacha, weil de vuin Platzal nimma »in« saan und weil i ned so dick wern mecht wia sie und weil Platzal eigentle gor nix mid Weihnachtn zdoa ham und weil des jeda intelligente Mensch scho oiß woaß. Nacha schdehds nämle do mid ihre dreiazwanzg Sortn, de wo ja gor koane dreiazwanzge san, wenn mas gnau nimmt, und nacha kons schaung, wen des no imponiert.

Näxds Johr werd des andaschd. De Zeid, wo i sonsd fürs Platzalbacha brauchd hob, de Zeid kon i nacha für wos andas hernehma, für wos, wo mehra mid Weihnachtn zdoa hod. Vielleicht bsuach i de Tante Ida, de wo im Oidasheim is und wo oiwei koana Zeid hod dafüa, oda i dua da Nachbarin amoi eikaffa, wo se de so hart geht oda i dua …

Jetz bin i ganz drauskema, wo war i denn steckabliem? Mei beste Freindin Hilde war nämle grod do und hod mia endle des Rezept vo ihre Vollkornmakrona bracht. Des is ganz was Nejs, und a solchas Rezept hod d Schwägerin gwieß ned.

Mei, werd se de ärgern, wenn i näxds Johr achdazwanzg Sortn hob.

Sieglinde Ostermeier

Prost Mahlzeit!

Gefühl im Bauch, Verstand im Keller,
so hockt man vor dem Plätzchenteller.

Die Lenden dick, rundum geschwollen,
das kommt von Muttis leckrem Stollen.

Der Hals gebläht, der Darm wie Stein,
das kann die Weihnachtsgans nur sein.

Die Hose klemmt, es platzt das Kleid,
vorbei die schöne Weihnachtszeit.

Man weiß, dass es so nicht mehr geht.
Das Frühjahr naht. Schnell Nulldiät!

Alfons Schweiggert